100% Gedankenlesen
Und es klappt wirklich

AF170632

Herold zu Moschdehner

100% Gedankenlesen
Und es klappt wirklich

Bibliografische Information durch

Die Deutsche Bibliothek:

Die Deutsche Bibliothek verzeichnet diese Publikation in der Deutschen Nationalbibliografie; detaillierte bibliografische Daten sind im Internet über http://dnb.ddb.de abrufbar.

ISBN 9783735739834

Copyright (2014)
Herstellung und Verlag: Books on Demand GmbH, Norderstedt
Alle Rechte beim Autor.

12,90 Euro

Herold zu Moschdehner ist anerkannter Gedankenleser. Er hat schon als Kind Gedanken gelesen und bringt dies nun Ihnen bei. Viele sind dazu ja gar nicht mehr in der Lage. Dabei geht es hier nur um Achtsamkeit und man bekommt es zu 100% hin.
Moschdehner wird es Ihnen wieder beibringen.

Jeder Mensch ist dazu in der Lage seine eigenen Gedanken zu lesen, aber leider hört er nicht mehr in sich hinein und verirrt sich in seinen Wirrungen.
Auf seine eigenen Gedanken zu hören, sie zu lesen bedeutet gleichzeitig sie auch zu formen und gezielter zu handeln.
Die folgenden Seiten zeigen Begriffe, die sie visualisieren sollen mit ihrem geistigen Auge und wenn sie dies so tun können sie sich selbst beobachten. Sie wissen ja dann was sie denken und können gleichzeitig noch einmal nachfühlen ob es stimmt. Dies ist eine Technik um das Gedenkenlesen zu schulen.
Suchen Sie sich einen Rückzugsort in ihrer Wohnung, lassen Sie sich Zeit und konzentrieren Sie sich. Nehmen Sie dieses Buch und stellen sich jedes Wort nun vor.
Viel Spaß und seien Sie gespannt, an was Sie denken werden. Auch natürlich wenn Sie das schon wissen.

Tiere

Hund

Katze

Aal

Pferd

Hamster

Ameise

Maus

Hummer

Plötz

Hecht

Schaf

Dinge

Hufeisen

Wollknäul

Bierflasche leer

Bierflasche voll

DVD-Hülle

Aquarium ohne Wasser

Fernbedienung

Handy

Buch

Dieses Buch

Zwei Ansichtskarten von Bobitz

Hammer

Kuchen